SNEAKY PRESS

©Copyright 2023
Pauline Malkoun

The right of Pauline Malkoun to be identified as author of this work has been asserted by them in accordance with Copyright, Designs and Patents Act 1988.

All Rights Reserved.

No reproduction, copy or transmission of this publication may be made without written permission.
No paragraph of this publication may be reproduced, copied or transmitted save with the written permission of the publisher, or in accordance with the provisions of the Copyright Act 1956 (as amended).

Any person who commits any unauthorized act in relation to this publication may be liable to criminal prosecution and civil claims for damages.

A catalogue record for this work is available from the National Library of Australia.

ISBN 9781922641816

Sneaky Press is the imprint of Sneaky Universe.
www.sneakyuniverse.com
First published in 2023

Sneaky Press
Melbourne, Australia.

El Libro de Datos Aleatorios sobre Aviones

Sneaky Press

Contenido

Datos aleatorios sobre la historia de los aviones — 6

Tipos de aviones — 8

Datos aleatorios sobre aeropuertos — 10

Primeros aviones — 14

Récords de aviones — 16

Datos aleatorios sobre aviones — 18

Más datos aleatorios sobre aviones — 20

Datos aleatorios sobre aviones de papel — 24

Instrucciones para aviones de papel — 26

Datos aleatorios sobre la historia de los aviones

Los hermanos Wright, Wilbur y Orville fueron los primeros en volar un avión con motor el 17 de diciembre de 1903.

Realizaron cuatro vuelos cortos en Kitty Hawk, Carolina del Norte con Orville Wright como piloto.

Su avión se llamaba el 1903 Wright Flyer.

Puedes ver su avión en exhibición en el Museo Nacional del Aire y el Espacio en Washington D.C.

La francesa Bessie Coleman es ampliamente considerada como la primera mujer piloto. Obtuvo su licencia de piloto en Francia en 1921. Se convirtió en una famosa piloto de acrobacias.

El motor, construido por Charlie Taylor (un empleado de los hermanos Wright) tenía 12 caballos de fuerza y funcionaba con gasolina.

La primera mujer en volar sola a través del Océano Atlántico fue Amelia Earhart, en mayo de 1932.

Tipos de aviones

Los aviones comerciales transportan grandes cantidades de personas a largas distancias. Estos incluyen los aviones Airbus y Boeing utilizados por las aerolíneas.

El Turbuprop es un avión de hélice que puede volar entre 965 y 1609 kilómetros en un solo vuelo.

El Pistón es un avión pequeño que puede volar entre 482 y 643 kilómetros por vuelo.

Los jets suelen volar a 980 km por hora y pueden alcanzar alturas de casi 15000 metros.

Los bombarderos son aviones militares diseñados para transportar y lanzar bombas sobre objetivos enemigos, son más grandes y lentos que los jets de combate.

Los jets de combate son aviones militares diseñados para combatir contra otros aviones.

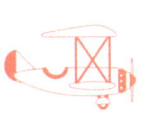

Datos aleatorios sobre aeropuertos

Con una pista de poco menos de 400 metros, el aeropuerto más pequeño del mundo se encuentra en la ciudad de Juancho E. Yrausquin en la isla caribeña holandesa de Saba. Solo pueden aterrizar allí aviones pequeños.

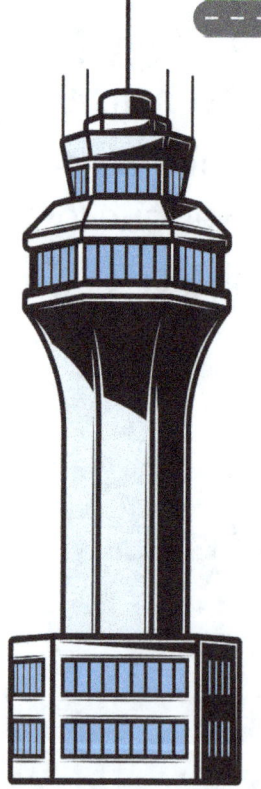

El Aeropuerto College Park en Maryland (EE. UU.) fue el primer aeropuerto en abrir en 1909.

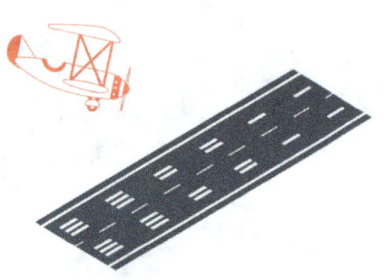

El Aeropuerto Suvarnabhumi de Bangkok alberga la torre de control más alta del mundo, con un poco más de 131 metros de altura.

En términos de superficie terrestre, el aeropuerto más grande del mundo con 780 kilómetros cuadrados es el Aeropuerto Internacional Rey Fahd en Arabia Saudita.

El aeropuerto con más pistas es el Aeropuerto Internacional Hartsfield-Jackson Atlanta en Estados Unidos, que tiene cinco pistas paralelas y dos pistas cruzadas.

El aeropuerto con más tráfico de pasajeros del mundo es el Aeropuerto Internacional Capital Beijing en China, donde pasaron más de 100 millones de pasajeros en 2019.

El edificio terminal más grande se encuentra en el Nuevo Aeropuerto de Estambul en Turquía, con una superficie de 1.3 millones de metros cuadrados.

La pista más larga del mundo tiene 5500 metros de longitud. Se encuentra en el Aeropuerto Qamdo Bamda en Tibet.

El Aeropuerto Internacional Hamad en Qatar tiene una piscina.

El Aeropuerto Internacional Incheon en Corea del Sur tiene un Jardín Interior.

El Aeropuerto Internacional de Múnich en Alemania tiene una pista de hielo.

El Aeropuerto Internacional Vancouver en Canadá tiene un Acuario.

El Aeropuerto Internacional Kuala Lumpur en Malasia tiene un paseo por la selva.

El Aeropuerto Internacional de Hong Kong en Hong Kong tiene un Museo de Aviación.

Primeros aviones

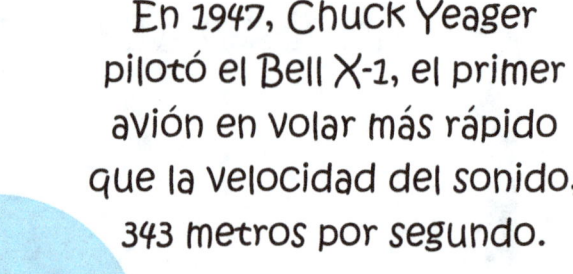

En 1947, Chuck Yeager pilotó el Bell X-1, el primer avión en volar más rápido que la velocidad del sonido, 343 metros por segundo.

El primer vuelo que cruzó el Océano Atlántico ocurrió en 1919 por la Marina de los EE. UU. El viaje duró 24 días.

En 1927, Charles Lindbergh se convirtió en la primera persona en volar a través del Atlántico en un viaje en solitario y sin escalas. Le tomó menos de 34 horas.

El primer vuelo transpacífico desde California, EE. UU. a Brisbane, Australia fue pilotado por el aviador australiano Charles Kingsford Smith en 1928.

El primer vuelo con energía solar alrededor del mundo tardó más de un año en completarse. Comenzó en marzo de 2015 y terminó en julio de 2016.

El primer avión comercial, el de Havilland Comet, realizó su primer vuelo para British Overseas Airways Corporation en 1952.

En 1939, el ingeniero alemán Hans von Ohain voló el primer avión propulsado por un motor a reacción.

En 1986, el primer vuelo sin escalas alrededor del mundo sin reabastecimiento de combustible tomó 9 días, 3 minutos y 44 segundos.

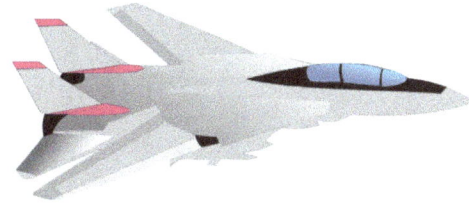

Récords de aviones

El récord del vuelo más largo sin escalas lo tiene Singapore Airlines.

El vuelo recorre más de 15,000 km desde Singapur hasta Nueva Jersey en los Estados Unidos. El vuelo dura poco más de 18 horas.

El avión más pequeño del mundo pesa poco más de 162 kilos y tiene una envergadura de solo 4.4 metros. Se desplaza por el aire a velocidades de hasta 482 km/h.

Con 640,000 kg, el Antanov AN_225 es el avión más pesado del mundo.

18,288 metros es lo más alto que ha volado un avión comercial. Fue un avión Concorde.

Lo más alto que ha volado un avión militar es aproximadamente 27,430 metros.

El avión de pasajeros más grande es el Airbus A380. Puede transportar hasta 850 personas.

Presentado en febrero de 2018, The Stratolaunch tiene la mayor envergadura en un avión con 117 metros de punta a punta.

Alcanzando una velocidad de 3,530 kilómetros por hora, el avión más rápido jamás fue el Lockheed SR-71 Blackbird.

El miércoles 24 de julio de 2019 fue el día más ocupado en la aviación jamás registrado con más de 225,000 vuelos ese día.

Datos aleatorios sobre aviones

Algunos aviones pueden volar hasta por 5 horas con solo uno de sus motores funcionando.

Las cajas negras son en realidad naranjas brillantes.

La envergadura del Boeing 747 es mayor que la distancia del primer vuelo de los hermanos Wright.

El Concorde podía volar a casi el doble de la velocidad del sonido a 605 metros por segundo.

Todos los pilotos que vuelan internacionalmente deben hablar al menos un poco de inglés.

Los baños del avión se pueden desbloquear desde adentro y afuera.

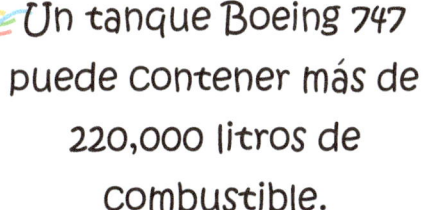

Un tanque Boeing 747 puede contener más de 220,000 litros de combustible.

Más datos aleatorios sobre aviones

En cualquier vuelo, el piloto y el copiloto comen comidas diferentes.

En vuelos largos, los asistentes de vuelo tienen acceso a dormitorios y baños secretos.

El nivel de humedad en un avión, generalmente establecido en el 20%, es más seco que el desierto del Sahara, que tiene alrededor del 25% de humedad.

Las primeras comidas servidas en un vuelo fueron sándwiches y una pieza de fruta en un vuelo desde Londres a París en 1919.

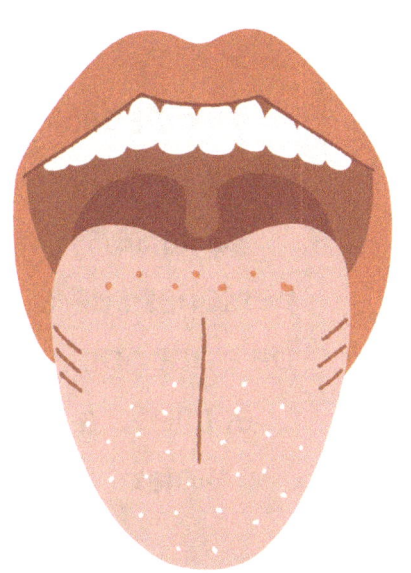

La sensibilidad de las papilas gustativas se reduce en un 30% para alimentos salados y dulces durante el vuelo.

Establecida en 1919, la compañía holandesa KLM es la aerolínea más antigua del mundo.

La primera película proyectada durante un vuelo "The Lost World" se mostró durante un vuelo desde Londres a París en 1925.

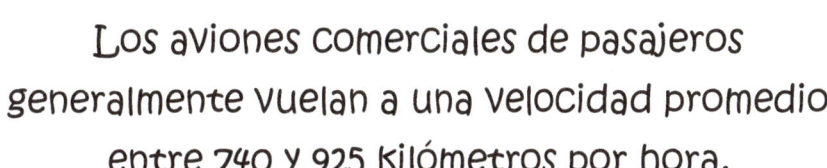

Los aviones comerciales de pasajeros generalmente vuelan a una velocidad promedio entre 740 y 925 kilómetros por hora.

La Clase Ejecutiva fue inventada por Qantas en 1979.

Aproximadamente uno de cada seis personas sufre de aviophobia, el miedo a volar.

Un vuelo desde Londres a Singapur dura aproximadamente 12 horas. En 1934, habría tomado ocho días e incluido 22 escalas.

El Boeing 747 tiene aproximadamente seis millones de piezas.

Leonardo da Vinci estaba fascinado con el vuelo y diseñó varias máquinas voladoras inspiradas en las alas de los pájaros.

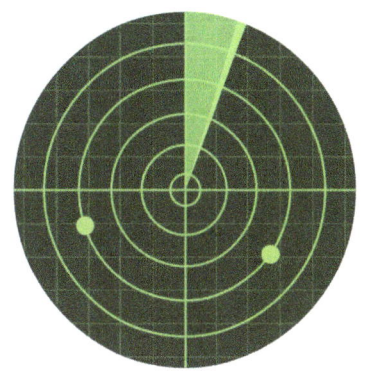

Además de automóviles, SAAB fabrica aviones militares, sistemas de control del tráfico aéreo y radar.

Rolls-Royce fabrica motores de avión además de automóviles de lujo.

Datos aleatorios sobre aviones e papel

Se cree que los aviones de papel se originaron en China hace 2000 años.

El registro de los primeros aviones de papel modernos se remonta a 1909.

El récord del vuelo más largo en avión de papel es de 29.2 segundos.

Estudiantes en Alemania crearon el avión de papel más grande en septiembre de 2013. Tenía una envergadura de 18.2 metros.

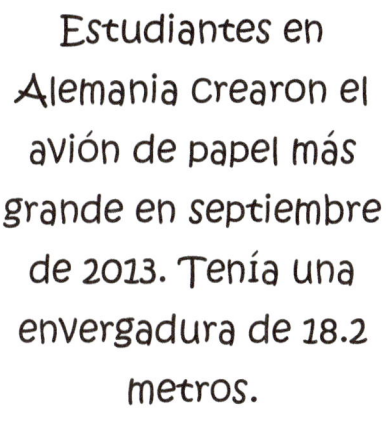

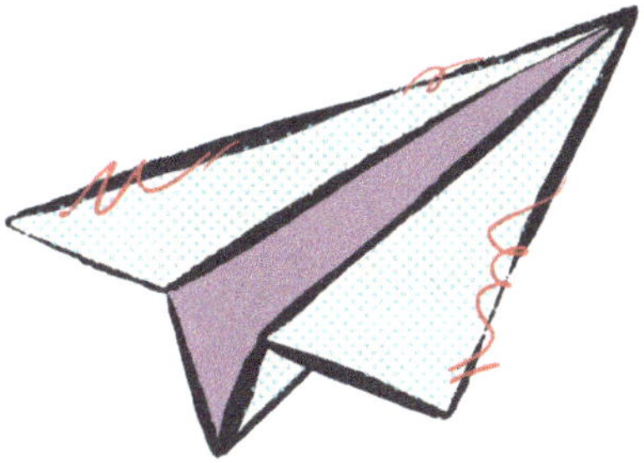

La mayor distancia que un avión de papel ha planeado por el aire es poco más de 88 metros.

Cómo hacer tu propio avión de papel en 5 pasos

1. Dobla el papel por la mitad.

2. Desdobla y luego dobla las esquinas hacia la línea central.

3. Dobla los bordes superiores hacia el centro.

4. Dobla el avión por la mitad.

5. Dobla las alas hacia abajo para que se encuentren con el borde inferior del cuerpo del avión.

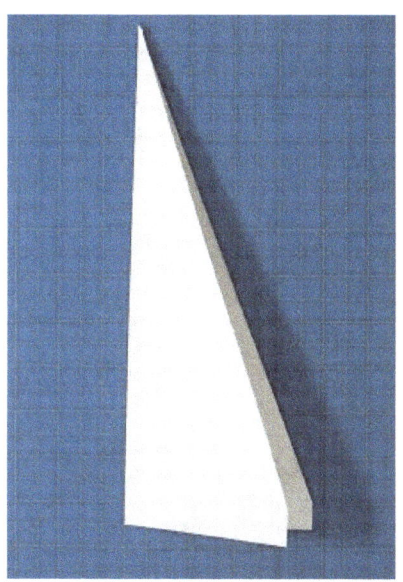

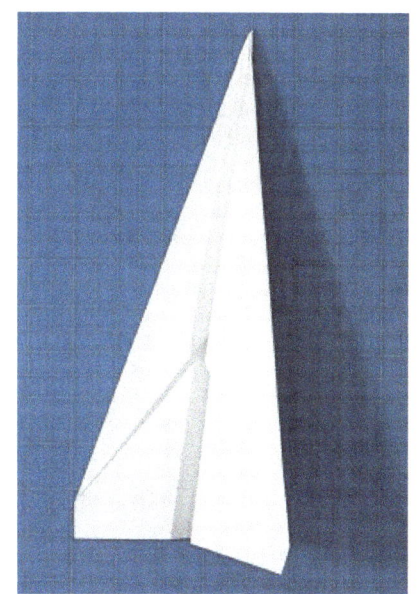

Gracias a FoldNfly.com por estas instrucciones e imágenes, para más aviones visita https://www.foldnfly.com/#/1-1-1-1-1-1-1-1-2

Otros títulos en la serie Datos Aleatorios

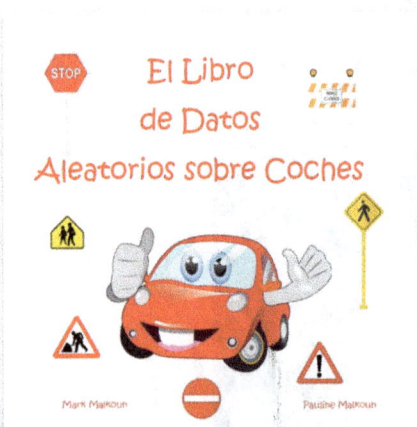
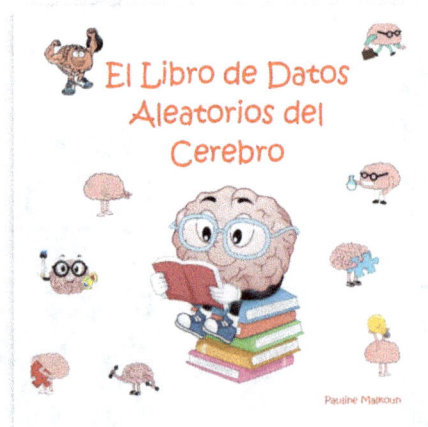

www.ingramcontent.com/pod-product-compliance
Lightning Source LLC
Chambersburg PA
CBHW081629100526
44590CB00021B/3661